THÈSE

POUR

LA LICENCE

Alavoine

UNIVERSITÉ DE FRANCE.— ACADÉMIE DE RENNES

FACULTÉ DE DROIT.

THÈSE POUR LA LICENCE

JUS ROMANUM. . . — Quibus variis modis contrahitur obligatio.
DROIT FRANÇAIS. — Des conditions essentielles à la validité
des conventions.

CETTE THÈSE SERA SOUTENUE LE 25 MARS 1873,

À DEUX HEURES DE L'APRÈS-MIDI,

Par M. André ALAVOINE

Né à Quimper (Finistère), le 18 septembre 1850.

EXAMINATEURS :

MM. BODIN, doyen; WORMS, DURAND, professeurs; MARIE, agrégé.

RENNES

IMPRIMERIE RENNAISE, J. BESSION, GÉRANT, RUE BOURBON, 3.

1873

A LA MÉMOIRE DE MES PARENTS

A MA FAMILLE

A MES AMIS

JUS ROMANUM

QUIBUS VARIIS MODIS CONTRAHITUR OBLIGATIO.

(Dig. *de Pactis*, lib. II, tit. XIV.)

GENERALIA.

Quum in hâc dissertatione, nobis dissertandum est de rebus quæ pariunt obligationes, necesse est dicere in primis quid sit obligatio.

Obligatio est « Vinculum juris quo necessitate adstringimur alicujus solvendæ rei.» Justinianus autem hæc verba adjunxit « Secundum nostræ civitatis jura. »

Obligationum substantia consistit in eo ut alium nobis adstringat ad dandum aliquid, vel faciendum, vel præstandum. (Paul., Inst., lib. II.)

Plurimæ sunt obligationum species. Omnium autem obligationum summa divisio in duo genera deducitur, namque aut civiles sunt, aut prætoriæ. Civiles sunt, quæ aut legibus constitutæ aut certo jure comprobatæ sunt. Prætoriæ sunt, quas prætor ex suâ jurisdictione constituit, quæ etiam honorariæ vocantur. (Inst., lib. III, t. XVIII.)

Diversæ sunt obligationum origines, illæ nascuntur etenim seu contractu, aut quasi ex contractu, seu maleficio aut quasi ex maleficio.

De earum quâque vicissim dicemus.

TITULUS I.

DE CONTRACTIBUS

Ex conventionibus nascuntur obligationes. Quæ sit autem conventio quærere oportet. Consensus est duorum plurium ve in idem placitum. Quædam conventiones pariunt obligationem actione civili munitam, quædam non actionem, sed exceptionem pariunt. Quæ pariunt actiones contractus dicuntur, aliæ contrà pacta vocantur.

Non similis est pacto contractus, quia ille causam habet civilem, dum pactum illà caret. Causa civilis inest, quoties consentientibus partibus, supervenit aliquod factum, vel dictum, vel scriptum.

Triplex est contractuum genus. Contractus perficitur re, verbis, litteris. Prudentes deinde novam instituerunt contractuum speciem. Hoc contractuum genus solo perficitur consensu. Quia illi nullam habebant causam civilem, diutissime pro pactis illos habuerunt Romani. Attamen cum frequentissimè illis uterentur Romani ; eis civilem tribuerunt actionem Prudentes. Ergo nunc aut re, aut verbis, aut litteris, aut consensu contrahuntur obligationes. (Dig., lib. XLIV, t. VII, 1 1.)

CAPUT I.

De obligationibus quæ re contrahuntur.

Obligatio contrahitur re, quum contractus eâ perficitur causâ civili, quæ in rei datione, præstatione vel in facto, consistit.

In illis contractibus quidam, nominati dicuntur, quia gignunt actiones,quæ proprium habent nomen, quidam contrà innominati vocantur, quia tantummodo universam possident actionem. De primis nunc a nobis disputandum erit. Hujus generis quatuor sunt contractus : Mutuum, commodatum, depositum, pignus.

SECTIO I.

DE MUTUO.

Dicitur mutuum, quoties aliquis tradit alicui rem, quæ numero mensurâ ve constat, veluti vinum, frumentum, ut fiat accipientis, dummodo ille qui eam accipit restituat die certa, rem ejusdem generis ejusdemque ponderis.

Ille qui rem in mutuum dat, alteri jus suum in hanc transmittit. Ergo ille in hanc rem dominium ex jure quiritum possidere eamdemque vindicare posse, debet. Itaque talem perficere contractum non potest pupillus.

Ex illo contractu sola nascitur obligatio, quâ ille qui rem accepit, aliam rem genere pondere que alteri similem restituendi tene-

tur : Si quolibet casu quod accepit, amiserit ille, nihilóminus obligatus permanet.

Vocatur conditio certi, actio quæ hujus obligationis executionem
præstat. Quia ex ipsâ pronunciatione apparet quid, quale quantumque sit.

SECTIO II.

DE COMMODATO.

Commodatum contractus est, quo damus rem cuidam, ut eâ utatur
nobisque eam restituat, die dicto.

A mutuo longe distat commodatum. In mutuo autem dominium
rei apudeum qui eam accipit transfertur, dum ille qui rem commo-
dat ejus dominium servat.

Is cui res commodata fuerit, et qui eamdem rem die certo, ut
supra diximus, restituere debet, ad suas obligationes implendas,
actione commodati directâ, tenebitur.

Si majore casu, cui humana infirmitas resistere non potest, velut
incendio, ruinâ, naufragio, rem quam accepit amiserit, ille securus
est. Tamen exactissimam diligentiam rei custodiendæ præstare
compellitur : nec sufficit ei eamdem diligentiam adhibere quam,
suis rebus adhibet, si alius diligentior custodire poterit.

Ille autem qui rem dedit, actione commodati contrariâ cogi poterit
ab eo qui rem accepit, ad impendia quæ ille in conservationem rei
commodatæ contulerit, recuperanda.

SECTIO III.

DE DEPOSITO.

Depositum contractus est quo aliquid custodiendum alicui datum est.

Ille cui res commissa fuit, hujus rei dominium non acquirit. Illius rei dominium apud eum qui illam tradit, stat. Ille qui rei custodiendæ præpositus fuit, re deposità uti non potest mercesque nulla ab eo petenda est.

Is qui rem custodiendam accepit, rem ipsam depositario reddere debet, quum ab eo postulata erit, et ad rem restituendam actione depositi directà tenebitur.

Sed etiam si is negligenter rem custoditam amiserit, securus est. Quia enim non sua gratià accipit, sed ejus a quo accepit; in eo solo tenetur si quid dolo perierit, negligentiæ vero nomine non tenetur, quia qui negligenti amico rem custodiendam commisit, de se queri debet.

Prudentes autem illi qui rei custodiendæ præpositus fuit actionem depositi contrariam tribuerunt ad impensas suas recuperandas.

Plurima sunt depositi genera. Invenimus etenim miserabile depositum et sequestrum.

SECTIO IV.

DE PIGNORE.

Pignus est conventio, quâ debitor rem transfert creditori suo, quæ debiti satisfactionem cértam facit.

Pignus, manente debitoris proprietate, solam possessionem transfert apud creditorem.

Creditor qui rem accepit, eam debitori restituere debet, omne exsolutâ pecuniâ, et in rem pigneratam invigilare debet ille. Ad suas obligationes implendas pigneratitiâ actione contrariâ persequi debitorem poterit creditor, ad suas recuperandas impensas quas in rem pigneratam fecerit.

Deinde hypotheca a prætore introducta, in pignoris locum venit. Illa pignori præstat, nam in pignore ad creditorem transit res, in hypothecâ autem apud debitorem rei manet possessio.

SECTIO V.

DE INNOMINATIS CONTRACTIBUS.

Supra diximus contractus esse, conventiones quæ causam habebant civilem : Ex istis quidam sub certo ac speciali nomine certam pariunt actionem, itaque nominati contractus dicuntur, aliis autem nomen abest actionem generalem gignunt, itaque innominati vocantur.

In quatuor species hos contractus diviserunt prudentes. Do ut des, do ut facias, facio ut des, facio ut facias.

In illis autem contractibus, pars illas quæ obligationi suæ satisfecerit, seu actione vocatâ, Præscriptis verbis, seu condictione causâ datâ, causâ non secuta, ut rescindatur contractus, in alteram partem agebit, si ea suum non faciat promissum.

In contractibus do ut des, do ut facias, jus pœnitendi tribuetur ei qui aliquam dedit rem, ut condictione datâ, resumat illam, si alter promissum facere non vult. In illa contractuum autem specie, facio ut des, facio ut facias, quod si ego obligationi meæ satisfecerim, tantummodo præscriptis verbis actione persequar eum qui erga me tenetur, nam res facta repeti non potest.

CAPUT II.

De obligationibus quæ verbis contrahuntur.

Verbis contrahitur obligatio, quoties contractûs causa civilis in verbis consistit. Hujus generis tres sunt contractus. Dictio dotis, jurata promissio operarum liberti, tandemque stipulatio. Sola manebat stipulatio, Justiniano regnante, itaque de his contractibus non loquemur, a nobis de stipulatione nunc tractandum est.

SECTIO I.

DE STIPULATIONE.

Stipulatio est verborum conceptio, quibus is qui interrogatur daturum, facturumve se quod interrogatus est, responderit (D., l. XLV, t. I.)

Ad interrogationem et responsionem olim solemnia in usu fuère, scilicet : Spondes? spondeo; fidepromittis? fidepromitto; fidejubes? fidejubeo; dabis? dabo; facies? faciam. Postea autem Leoniana constitutio lata fuit, quæ, solemnitate verborum sublatà, sensum et consonentem intellectum ab utraque parte solum desiderat, licet quibuscumque verbis expressum est, nec necesse est eadem linguà utrumque uti, sed sufficit congruenter ad interrogatum respondere. (Inst., lib. III, t. XV.)

Stipulatio non potest confici, nisi utroque loquente. Ergo surdus neque mutus stipulatione contrahere possunt.

Stipulationes quaedam certæ sunt, quaedam incertæ. Certæ sunt quum ex ipsa pronunciatione apparet quid, quale, quantumque sit.

Stipulationum quaedam in dando, quaedam in faciendo consistunt.

Ex stipulatione una tantum nascitur obligatio. Ille qui promittit solus satisfacere suæ obligationi debet, teneturque ad suam implendam obligationem seu condictione certi, seu conditione incerti.

Plurima sunt stipulationum genera, de quibus non necesse est loqui.

Etenim stipulationum aliæ judiciales sunt, aliæ prætoriæ, aliæ conventionales, aliæ communes tam prætoriæ quam judiciales. (Inst., lib. III, t. XVIII.)

CAPUT III.

De obligationibus quæ litteris contrahuntur.

Obligatio contrahitur litteris, quum causa contractus civilis in litteris consistit. Quoties pactio in litteris scripta fuit, ex ea nascitur obligatio. Hujus obligationis debitor condictione certi tenetur. Alius quidem alio juris tempore contrahendi modus fuit.

Primùm Romæ omnes patres familiæ codicem habebant in quo scribebant omnia ab eis seu accepta seu expensa, quum autem quotidie in his codicibus scribere non poterant, adversaria possidebant in quibus quotidie omnia notabant, diebusque certis, in codicem referebant.

Postea autem Romæ peregrinorum semper crescente numero, necessarium fuit, hos in litteris eorum pactiones consignare posse ; itaque syngraphæ chirographæque veniunt, nam peregrinis nullus erat codex. In principio nemo nisi peregrini hoc contrahendi utebantur modo, deinde cives Romani item contraxere.

Quum regnum obtinuit Justinianus codex in usu non erat.

CAPUT IV

De obligationibus quæ solo contrahuntur consensu.

Quando in hujus dissertationis principio diversa contractuum enumeravimus genera, diximus, quosdam causam habere civilem, quosdam autem solo perfici consensu, primos studuimus nunc de alteris loquemur.

Obligatio dicitur consensu contrahi, quia neque scripturà neque præsentià omnimodo opus est, ac ne dari quidquam necesse est ut substantiam capiat obligatio, sed sufficit eos qui negotia gerunt, consentire (Inst., III, t. XXII.)

In illis contractibus nulla causa civilis est, itaque illos ut supra diximus, diutissimè pro pactis habuerunt Romani. Quatuor contractus hujuscemodi sunt.

Emptio venditio, locatio, societas tandemque mandatum.

SECTIO I

DE EMPTIONE VENDITIONE.

Emptio venditio contractus est quo alter contrahentium, nempe venditor, tenetur ad rem præstandam ita ut eam alteri habere liceat, alter autem, nempe emptor, ad prætium solvendum se obligat.

Apud Romanos emptori tantummodo placidam rei possessionem tradere debet venditor. Itaque res aliena distrahi potest, attamen emptori aufferi potest ab eo qui in eam rem dominium habet. Omnium rerum quos quis habere vel possidere vel persequi potest venditio rectè fit, quas vero natura vel gentium jus, vel mores civitatis commercio exemerunt, earum nulla venditio est.

Rei venditæ vacuam possessionem tradere debet venditor hujus que rei auctoritatem præstare emptori, et adillas implendas obligationes tenebitur ille, seu actione ex empto, seu actione ex stipulatu.

Actio ex vendito vocata competit venditori, ad ea consequenda quæ ei ab emptore præstari oportet.

SECTIO II

DE LOCATIONE.

Triplex est locationis genus, aut enim locator, mercede promissâ, rem quamdam conductori præstat, quâ rè conductori uti vel frui licuerit, aut ad operam suam præbendam conductori, aut ei ad opus faciendum, mercede promissâ, se adstringit locator.

Hæc sunt, locatio rei, locatio operarum, locatio operis faciendi. Adeò autem familiaritatem aliquam habere videntur emptio et venditio, cum locatione et conductione, ut in quibusdam quæri soleat utrum emptio et venditio sit, an locatio et conductio. Scilicet si cum aurifice convenerim ut ex auro suo annulos mihi faceret, certi ponderis certæque formæ et is acceperit trecenta, utrum emptio et venditio sit an locatio et conductio. Sed placet unum esse negotium et magis emptionem et venditionem.

Quod si ergo aurum dederim, mercede pro opera constitutâ, dubium non est quin sit locatio et conductio.

Ex illo contractu nascuntur obligationes. Locator conductori rem locatam præbere debet tenebiturque actione conducti. Conductor autem rem servare eamque integram restituere. die certâ, debet, tenebiturque ille actione locati.

SECTIO III

DE SOCIETATE.

Quoties plurimi in communione conferant seu bona, seu operas, gratiâ lucri honesti faciendi, id est societas.

Plurima sunt societatis genera. Societates enim contrahuntur sive universorum bonorum, sive negotiationis alicujus, sive vectigalis, sive etiam unius rei.

Ille contractus sociis societatique gignit obligationes. Societati promissa afferre, damnaque ab ipso societati allata resarcire debet socius, ad illas autem implendas obligationes actione Socii tenebitur ille.

Societas autem socio restituere debet impensas necessarias quas ille societati fecerit, eaque pro socio tenebitur actione.

Dirimitur societas ex tempore, ex personnis, ex capitis diminutione, ex rebus, ex voluntate, ex actione.

SECTIO IV

DE MANDATO

Quoties quis alicujus negotia gerit, qui eum præfecit his custodiendis, id est mandatum.

Mandatum nisi gratuitum nullum est, nam originem ex officio atque amicitia trahit. Interveniente enim pecunia, res ad locationem et conductionem potius respicit. (D., lib. XVII, t. I, l. I.)

Mandatum inter nos contrahitur sive mea tantum gratia tibi mandem, sive aliena tantum, sive mea et aliena, sive mea et tua, sive tua et mea. Quod si tua tantum gratia tibi mandem supervacuum est mandatum et nulla nascitur obligatio.

Ex mandato nascuntur obligationes.

Is qui mandatum exsequitur, jussa diligentissime persequi et numquam mandati fines excedere debet. Si fines mandati exsuperaverit, nullam a quo jussa accepit actionem habebit. Ad illas implendas obligationes actione mandati directa tenebitur procurator. Illi autem competit actio mandati contraria, ad suas recuperandas impensas.

TITULUS II

DE PACTIS

In primis ex contractibus oriebantur tantummodo civiles obligationes. Actione nudatas obligationes gignebant pacta. Deinde quædam pepererunt obligationes civiles, itaque pactorum duplex est distributio. Quædam nuda, quædam autem vestita sunt.

Nuda sunt quando non pariunt actionem, vestita sunt quando ex illis actione munita nascitur obligatio.

In tres species pacta vestita distributa fuerunt. Civilia sunt, aut prætoriana aut legitima.

Civilia sunt quando a prudentibus eis tributa fuit actio.

Prætoriana sunt pacta quibus actionem adhibuerunt prætores.

Legitima sunt pacta quando actione vestita fuerunt imperialibus constitutionibus.

Pactorum alia manet divisio : illa autem seu adjecta contractui, seu sola sunt; id est pacta quæ transeunt in proprium nomen contractus ut ait Ulpianus.

CAPUT III

De obligationibus quæ quasi ex contractu nascuntur.

Post diversa genera contractuum enumerata, dispiciamus etiam de iis obligationibus quæ non propriè quidem ex contractu nasci intelliguntur, sed etiam quia non ex maleficio substantiam capiunt, quasi ex contractu nasci videntur. (Inst., lib. III, t. XXVII, § 1.)

Si quis absentis negotia gesserit ; ille non ex contractu neque ex maleficio, sed quasi ex contractu tenebitur. Ille qui gerit maximam rebus diligentiam adhibere debet. Ei cujus negotia gesta sunt competit actio negotiorum gestorum directa adversus, hunc qui gessit, ut rationem reddat. Dominum contrâ rei gestæ, ad suas recuperandas impensas negotiorum gestorum contrariâ actione persequetur, ille qui gessit.

Tutelæ judicio qui tenentur, non propriè ex contractu obligati intelliguntur. Nullum enim negotium inter tutorem et pupillum contrahitur ; sed quia sanè non ex maleficio tenentur, quasi ex contractu teneri videntur. Et hoc autem casu mutuæ sunt actiones. Non tantum enim pupillus cum tutore, sed et contra tutor cum pupillo habet actionem, si vel impenderit aliquid in rem pupilli, vel pro eo fuerit obligatus aut rem suam creditoribus obligaverit.

Quotiescumque quis indebitum accepit, ille hoc restituere debet huic a quo accepit et condictione indebiti tenebitur. Ille obligatus est non ex contractu sed quasi ex contractu. Necesse est autem qui dat pecuniam, hanc solvendi animo dare, nam ille certè crederetur pro dono tribuere voluisse et tunc condictione indebiti recuperare non posset.

3

Quum inter duos vel plures res communis est. Si quis eorum qui dominium in hanc rem habet impensas rei fecerit, ad illas recuperandas impensas actione familiæ eriscundæ alios persequetur, ut ii ad impensas solvendas contribuant. Illi autem non ex contractu sed neque ex maleficio, sed quasi ex contractu teneri videntur.

Hæres legatorum nomine non propriè ex contractu obligatus intelligitur, nam cum hærede, neque cum defuncto, nullum negotium gessisse dici potest. Ille rem legatam legatario restituere debet et ad suam obligationem implendam actione vocatà condictio tenebitur.

DE OBLIGATIONIBUS QUÆ EX DELICTO NASCUNTUR.

Quum a nobis expositum sit suprà de obligationibus quæ ex contractu et quasi ex contractu nascuntur, superest ut de obligationibus quæ ex maleficio aut quasi ex maleficio oriuntur, loquamur. Illæ autem obligationes nascuntur seu ex furto, aut rapinà, aut damno, aut injurià.

Ex furto nascitur obligatio. Quid sit autem furtum ? Furtum est contrectatio fraudulosa rei alienæ lucri faciendi causà. Quoties quis rem arripit alienam, illam restituere debet ei qui in hanc rem dominium ex jure quiritum habet. Ille obligatus est non ex contractu neque quasi ex contractu, sed ex delicto et actione furti, tenebitur. Illà furti actione tenebitur fur in duplum, aut in quadruplum, sive non manifestum aut manifestum fuerit furtum. Ei qui in hanc rem dominium habet competit actio ad exhibendum quà rem amissam adversus istum qui eam detinet, vindicabit.

Ille qui rem rapuit obligatus est in eum qui hanc rem detinebat et actione Bonorum vi raptorum a Prætore datà tenebitur, eàque actione intra annum utilem verum rei prætium quadruplatur.

Lex Aquiliæ pœnà mulctat eum qui damnum rei alicujus injunxit.

Legis Aquiliæ capite primo cavetur, ut qui servum servam ve alienum alienam ve, quadrupedem vel pecudem injuriâ occiderit, quanti in eo anno plurimi fuit tantum æs dare domino damnas esto. (Dig., lib. IX, t. II.)

Si servus serva ve injuriâ occisus occisa ve fuerit, lex Aquilia locum habet. Injuria merito adjicitur, non enim sufficit occisum, sed oportet injuriâ id esse factum. (D., l. IX, t. II.)

Itaque si servum tuum latronem insidiantem mihi occiderim, securus ero, nam adversus periculum naturalis ratio permittit se defendere. (Dig., lib. IX, t. II, l. 4.)

Necesse est ille qui servum alii occidit, factum in mente comprehendere posse. Si furiosus damnum dederit, an legis Aquiliæ actio fit ? Quæ enim culpa fit in eo, qui suæ mentis capax non est et hoc verissimum est. Cessabit igitur Aquiliæ actio quemadmodum tegulâ ceciderit. (D., l. IX, t. II.)

Secundum legis Aquiliæ caput in desuetudinem abiit, tertium manet et in illo dicitur de damno dato rebus quæ gregatim non habentur.

Quoties quis in aliquem contumeliam fecit, actione injuriæ tenebitur. Injuria consistit seu in re, seu in verbis. In corpus infert injuria, aut ad dignitatem aut ad famam pertinet. Ille qui injuriam facit, hanc cum animo facere debet. Sunt quidam qui injuriam facere non possunt, ut furiosus et impubes quia doli capaces non sunt. Namque hi pati injuriam solent, non facere. Cum enim injuria ex affectu facientis consistat, consequens erit dicere, hos sive pulsent, sive convicium dicant, injuriam fecisse non videri. (D., l. XLVII, t. X, l. 3.)

Non tantummodo injuriæ actio competit ei adquem spectat injuria, sed etiam ad eos qui hunc in potestatem habent.

Injuriarum duo sunt genera, pura vel atrox est injuria.

Atrocem injuriam aut personâ, aut tempore, aut re ipsa, fieri, ait Labeo. Personâ atrocior fit injuria ut cum magistratui, cum patrono parenti ve fiat. Tempore, si in ludis et in conspectu prætoris fit. Nam si prætoris in conspectu an in solitudine, injuria facta fit multum interesse, ait, quia atrocior est quæ in conspectu fecit. Re, atrocem injuriam esse, ait Labeo, ut puta si vulnus illatum vel os alicui percussum. (D., lib. XLVII, t. X, l. 7.)

Injuriarum actio ex bono et æquo est, et dissimulatione aboletur. Si quis enim injuriam dereliquerit, hoc est, statim passus ad animum suum non revocaverit, postea ex pœnitentia remissam injuriam non poterit recolere. (Dig., lib. XLVII, t. X, l. 11.)

Injuriarum actio neque hæredi neque in hæredem datur.

DE OBLIGATIONIBUS QUÆ QUASI EX DELICTO NASCUNTUR.

Nascuntur obligationes ex factis quæ delicta non sunt et quæ tamen cum delictis tantum habent similitudinem, ut quasi ex delicto oriri obligatio dicitur. Talium obligationum exempla referemus.

Is ex cujus cænaculo vel proprio ipsius, vel conducto, vel in quo gratis habitabat, dejectum effusumve aliquid est, ita ut alicui noceret, quasi ex maleficio teneri videtur. Illo autem non proprie ex maleficio obligatus intelligitur, quia plerumque ob alterius culpam tenetur seu servi seu liberi. (D., lib. XLIV, t. VII.)

Item exercitor navis aut cauponæ aut stabuli de damno aut furto quod in nave aut coponâ factum sit, quasi ex maleficio teneri videtur, si modo ipsius nullum est maleficium, sed alicujus eorum quorum opera navem aut cauponam aut stabulum exerceret. Cum enim neque ex contractu sit adversus eum constituta hæc actio, et aliquatenus culpæ reus est, quod opera malorum hominum uteretur, ideo quasi ex maleficio teneri videtur. (D., lib. XLIV, t. 7.)

Si judex litem suam fecerit non proprie ex maleficio teneri videtur, sed quia neque ex contractu obligatus est et utique peccasse aliquid intelligitur, licet per imprudentiam ideo videtur quasi ex maleficio teneri. (D., lib. XLIV, t. VII, § 1.)

Ex lege oriuntur adhuc obligationes.

DROIT FRANÇAIS

DES CONDITIONS ESSENTIELLES A LA VALIDITÉ DES CONVENTIONS

(Code Napoléon, art. 1108-1133.)

PRÉLIMINAIRES.

Avant d'entrer en matière, avant d'entamer le sujet de cette thèse, qui a trait aux conditions essentielles, à la validité des conventions, je crois utile de donner une définition de l'obligation et d'en indiquer les différentes sources.

L'obligation est un lien de droit qui nous astreint envers une autre personne à lui donner quelque chose, à faire ou à ne pas faire quelque chose.

Les sources de l'obligation sont assez nombreuses, malgré tout elles peuvent être ramenées à cinq : les contrats, les quasi-contrats, les délits, les quasi-délits et la loi. De ces cinq sources, les contrats sont la plus fréquente.

Le contrat est une espèce de convention, qui a pour objet de former quelque engagement. Quant à la convention, on peut la définir : le consentement de deux ou plusieurs personnes pour former entre elles quelque engagement, ou pour en résoudre un précédent, ou pour le modifier, ou pour enfin opérer une translation de propriété.

La convention diffère donc du contrat comme le genre de l'espèce.

La convention suppose le concours des volontés de deux personnes, dont l'une promet quelque chose et l'autre accepte la promesse qui lui est faite.

Là où il n'y a pas eu acceptation de la promesse qui a été faite, il y a pollicitation et non convention ; celle-ci produit des obligations, tandis que la pollicitation n'en produit aucune. Il est certain que tant qu'il y a eu promesse sans acceptation, cette simple pollicitation n'engendrant aucun droit, on reste libre de la révoquer. Ceci est vrai en général, mais cependant peut donner lieu à controverse dans un cas particulier que l'on rencontre en droit commercial.

Les affaires se traitant le plus souvent par correspondance, on s'est demandé à quel moment exact le contrat est formé. Pour que le contrat existe, les uns, au nombre desquels se trouvent MM. Demante, Merlin et Troplong, veulent que la réponse à son offre soit connue par celui qui a fait la pollicitation.

D'autres, au nombre desquels on compte Duranton, Zachariæ, Marcadet, Demolombe, prétendent qu'il y a vente conclue dès que la réponse a été envoyée, qu'elle soit ou non connue de l'autre partie. Aux partisans du second système, on peut opposer l'art. 932 du Code Napoléon relatif aux donations. Pour qu'une donation soit valable, nous dit cet article, il faut que l'acceptation de la donation de la part du donataire soit connue du donateur. Mais ceux-ci nous répondront que cette formalité a été exigée dans le but de restreindre le nombre des donations et non dans le but de former exception aux règles générales des conventions.

Dans tout contrat, Pothier distingue les choses essentielles, les choses naturelles, et les choses accidentelles.

Les choses essentielles sont celles qui, par leur absence, entraînent la nullité du contrat.

Les choses naturelles sont celles qui proviennent de la nature du contrat. Il est de la nature du prêt à usage que l'emprunteur soit tenu de sa faute légère.

Les choses accidentelles sont celles qui n'y sont renfermées qu'en vertu d'une cause accidentelle.

Prenons bien garde de confondre les éléments essentiels à la formation du contrat avec les éléments essentiels à sa validité. Le consentement, l'objet, la cause, sont des conditions essentielles à la formation du contrat ; la capacité est nécessaire à sa validité. L'absence d'un des premiers amènerait la nullité du contrat qui subsistera malgré l'absence du second, mais l'annulation en sera possible.

Ces conditions indispensables à l'existence des contrats le sont aussi à la validité des conventions.

Le Code les ramène à quatre :

Le consentement de la partie qui s'oblige ;

Sa capacité de contracter ;

Un objet certain ;

Une cause licite.

Nous consacrerons un chapitre spécial à l'étude de chacune de ces conditions.

CHAPITRE I.

Du consentement.

Le consentement est l'accord de deux ou plusieurs volontés sur un même point, c'est l'intention formelle d'acquiescer à ce qu'un autre veut ou nous propose de vouloir également.

Tout consentement suppose une intention sérieuse de s'obliger ; en conséquence, toute adhésion donnée à une proposition faite par plaisanterie, ne constitue pas un consentement.

Tout consentement doit émaner d'une volonté libre et réfléchie. Peu importe la façon dont il se manifeste, une obligation en est toujours la conséquence. Il résulte quelquefois de l'inaction. Ne voyons-nous pas en effet dans la partie du Code dans laquelle il est traité du louage des immeubles, qu'au cas où le preneur reste en possession de l'immeuble après le délai fixé pour l'expiration du bail, le bailleur est censé avoir consenti un nouveau bail dont la durée est égale au premier ?

Lorsque la personne qui a adhéré à une proposition n'a agi que sous

4

l'influence d'un fait qui a rendu sa volonté imparfaite, son consentement n'est pas nul, mais vicié ; et c'est de ces faits, qui vicient le consentement sans l'anéantir, dont nous allons nous occuper dans la suite de ce chapitre.

Nous sommes donc conduits à nous demander quels sont les vices du consentement. L'art. 1109 du Code en énumère trois : 1° l'erreur ; 2° la violence ; 3° le dol ; nous pouvons y ajouter la lésion qui, à l'égard de certaines personnes et dans certains contrats, rend annulable le consentement.

SECTION I

DE L'ERREUR

L'erreur est la non-conformité de l'idée avec l'objet. L'erreur rend, en certains cas, le contrat nul, parce qu'elle enlève tout consentement ; dans d'autres elle le rend annulable ; et dans d'autres enfin, elle n'exerce sur lui aucune influence.

L'erreur rend nul le contrat lorsqu'elle porte sur la nature de la convention ou sur l'objet ; le contrat n'ayant eu aucune existence n'est, en conséquence, susceptible ni de ratification ni de cautionnement. Vous me présentez votre cheval, je crois que vous voulez me le donner ; votre intention est de me le vendre, il y a erreur sur la nature de la convention, pas de contrat et, par suite, pas d'obligation. Moi qui ai consenti à recevoir votre cheval parce que je croyais que vous vouliez me le donner, je ne serai pas forcé de le recevoir et de vous en donner le prix.

Aussi bien que l'erreur sur la nature de la convention, l'erreur sur l'objet empêche le contrat de se former. Dans ce cas aussi bien que dans le précédent, il n'y a pas eu d'accord d'idées entre les parties, donc le contrat n'a jamais eu la moindre existence.

L'erreur sur la substance, à la différence de l'erreur sur la nature de la convention, laisse le contrat se former, mais donne lieu, pendant un certain délai, à une demande en annulation de ce dernier, de la part de la personne qui a été induite en erreur. Mais d'abord que faut-il entendre par la substance ? C'est la manière d'être d'une chose, sa qualité principale aux yeux des parties. Ses qualités substantielles sont celles que les parties ont eu en vue en contractant. L'erreur sur ces qualités est, comme je l'ai déjà dit, une cause de nullité du contrat. J'achète un chien de Terre-Neuve, je l'achète en vue de sa race, puis quand vous me le livrez, je remarque que c'est un chien du pays. La race est ici la qualité substantielle ; or, l'erreur sur la substance étant une cause de nullité du contrat, je pourrai rendre le chien et réclamer l'argent donné. Quant à l'erreur sur les qualités accidentelles, elle n'est pas une cause de nullité du contrat. Par qualités accidentelles, on entend celles qui n'entrent qu'accessoirement dans le contrat. Ainsi, en prenant le même exemple que tout à l'heure, savoir l'achat d'un chien de Terre-Neuve, une qualité accidentelle serait, par exemple, sa couleur. Qu'il soit noir ou blanc, l'acquéreur, par cela seul qu'il serait noir alors qu'il l'aurait voulu blanc, ne sera pas admis à restituer le chien, si toutefois la qualité qu'il a eu en vue dans le chien en l'achetant existait bien.

Pas plus que l'erreur sur les qualités accidentelles, l'erreur sur le motif n'est une cause de rescision du contrat.

Mais il n'y a pas seulement que l'erreur sur la substance qui donne lieu à une demande en annulation du contrat. L'erreur sur la personne peut donner lieu à la même action lorsque, toutefois, cette personne a été prise en considération par la partie contractante, lorsque, en un mot, son mérite, son talent ont été la cause déterminante du contrat. J'achète un tableau parce que je le crois de Raphaël, puis je viens à reconnaître que ce n'est pas du Raphaël que j'ai eu en vue en contractant, j'aurai le droit de réclamer la nullité du contrat ; car ici la qualité du peintre a été prise en considération. Quant à l'erreur sur le motif du contrat, la loi ne le regarde pas comme un vice de consentement.

Lorsque la considération de la personne n'a pas été la cause déterminante du contrat, l'erreur sur cette personne n'entraîne pas la nullité de ce dernier.

Ainsi, en résumé, l'erreur porte-t-elle sur la nature de la convention ou sur l'objet, pas de contrat.

Porte-t-elle sur la substance de l'objet ou sur la personne, si cette personne a été prise en considération le contrat existe, mais est susceptible d'annulation.

Porte-t-elle enfin sur le motif de la convention, sur une qualité substantielle ou sur la personne, lorsque toutefois cette personne n'a pas été prise en considération, l'erreur n'exerce aucune influence sur le contrat.

SECTION II

VIOLENCE

Le consentement doit être libre. La liberté est le caractère de toute volonté qui consent.

Le consentement arraché à une personne qui n'agit que sous l'influence de la crainte est nul; car elle était privée de sa liberté d'action, nécessaire à toute personne qui s'oblige.

Il n'est cependant pas vrai de dire que la violence soit toujours une cause de nullité des contrats. Il faut qu'elle remplisse certaines conditions pour que la partie qui en a été victime soit admise à demander la nullité de l'acte.

Pour constituer un vice de consentement, la violence doit être de nature à pouvoir produire impression sur une personne raisonnable. Elle est de nature à produire impression sur une personne raisonnable, nous dit l'art. 1112 du Code, lorsqu'elle a pu inspirer la crainte d'exposer sa personne ou sa fortune à un mal considérable et présent.

Ceci ne doit pas être pris à la lettre. Quand bien même l'art. 1112 du Code dise que la violence, pour être une cause d'annulabilité, doit être telle qu'elle puisse impressionner une personne raisonnable, la loi ordonne au juge de prendre en considération l'âge, le sexe et la condition de la personne violentée. Car tel fait qui peut être pour un enfant un sujet de crainte et agir sur sa détermination, peut n'exercer aucune influence sur la volonté d'un homme fait.

L'art. 1112, en indiquant dans quel cas la violence est capable de produire impression, dit que le mal que l'on redoute doit être *considérable* et *présent*. Par mal présent on doit entendre la crainte actuelle du mal et non la crainte d'un mal actuel. Je crois que c'est dans ce sens que l'ont entendu les rédacteurs du Code. L'effet produit sur mon moral ne sera-t-il pas le même, soit que le mal doive m'atteindre immédiatement, soit qu'il ne doive m'accabler que dans un certain délai, s'il me menace d'une manière inévitable et que je n'ai aucun moyen de m'y soustraire.

Alors même que la violence provienne d'une personne qui n'a pas été partie au contrat, moi qui l'aurais subie, je pourrai néanmoins me faire relever de mon obligation.

· La violence est une cause d'annulabilité non-seulement quand le mal doit nous atteindre nous-mêmes, mais encore lorsqu'il doit atteindre une personne qui nous est assez chère pour aimer mieux consentir à ce qui nous est demandé plutôt que de la voir exposée au mal dont elle est menacée. L'art. 1113 donne une énumération des qualités que doit avoir, par rapport à nous, la personne que les menaces atteignent pour que la violence soit regardée comme ayant pu exercer une certaine influence sur notre volonté et nous enlever la liberté d'action. Cet article dit en effet : « la violence est une cause de nullité des contrats, non-seulement lorsqu'elle a été exercée sur la partie contractante mais encore lorsqu'elle l'a été sur son conjoint, sur ses ascendants ou descendants. » Cette énumération de l'art. 1113 est limitative ; pourtant je crois que si les menaces étaient dirigées contre un frère, le contrat pourrait être annulé pour cause de violence. Dans ce cas, la violence n'est pas présumée ; mais les tribunaux auraient à examiner si l'affection existe réellement et si elle est de nature à avoir pu déterminer la personne violentée à donner son consentement.

Pour ce qui regarde la crainte révérentielle, c'est-à-dire cette crainte de déplaire à une personne que l'on aime, le Code ne l'a pas jugée suffisante pour faire annuler le contrat. Mais si à la crainte révérentielle vient se joindre une menace, je crois que l'on pourrait demander l'annulation de l'acte fait en pareilles circonstances. Ceci se déduit de la rédaction de l'art. 1114 du Code.

Il peut arriver que la violence, qui n'a pas eu pour objet de faire contracter l'obligation, en soit cependant la cause. Ainsi, sur le point de me noyer, j'appelle quelqu'un à mon secours et je lui promets une somme d'argent s'il réussit à me sauver. Cette promesse, cause de l'obligation, ne sera pas annulable. Cependant, je crois que si la somme promise est exagérée, les juges pourront la faire réduire en considérant que celui qui a promis la somme, n'a agi que sous l'empire d'une folie momentanée, et que la peur de perdre la vie a troublé ses facultés.

La personne, qui n'aura adhéré à la demande faite que poussée par la violence, aura dix ans pour demander à être relevée de son obligation, et ce délai passé elle ne sera point admise à invoquer la violence dont elle aura été victime.

SECTION III

DU DOL

Il n'y a pas seulement que l'erreur et la violence qui soient pour la partie contractante qui en a été victime, une cause de demande en annulabilité du contrat, le dol donne le même droit.

D'abord, qu'est-ce que le dol ? Le dol est l'emploi de manœuvres pour faire tomber quelqu'un dans l'erreur.

Il ne faut pas croire que le dol donne toujours lieu à une action en annulabilité du contrat de la part de la personne qui en a été la victime. Il se borne parfois à une demande en dommages-intérêts. Principal dans le premier cas, il est accidentel dans le second.

Le dol principal, dit Pothier, est celui qui a fait naître l'idée de contracter. Le dol incident est toute machination employée dans une négociation déjà entamée, pour amener l'une des parties à traiter à des conditions autres que celles auxquelles elle l'eût fait si elle n'avait pas été trompée.

Pour que le dol principal donne lieu à une action en nullité, deux conditions sont nécessaires. Il faut :

1° Qu'il ait été tel que si on y avait pas eu recours, la partie n'eût pas contracté ;

2° Qu'il provienne de la personne qui a été partie au contrat.

Le dol doit provenir d'une personne qui a été partie au contrat, c'est une condition *sinè quâ non* de l'action en rescision. La violence, au contraire, est une cause de nullité, quelqu'en soit l'auteur. C'est une différence capitale entre le dol et la violence.

Si le dol a été pratiqué par une personne étrangère au contrat, celui-ci subsistera. Serait-il juste, en effet, qu'une partie entièrement étrangère au dol dont se plaint l'autre partie, vit s'évanouir les espérances qu'elle avait fondées sur un contrat qu'elle croyait valable? Dans ce cas, le dol est incident; or le dol incident n'est pas une cause de nullité, donc le contrat sera maintenu.

Le dol ne se présume pas, car c'est un fait exceptionnel, la bonne foi étant la chose habituelle dans les contrats. C'est à celui qui prétend avoir été trompé à prouver le dol. Il devra établir deux faits : 1° l'existence de manœuvres frauduleuses qui auront été pour lui la cause déterminante du contrat; 2° que ces manœuvres sont le fait de celui avec lequel il a traité. Cette preuve, il pourra l'établir par tous les moyens possibles.

Quant à la violence, il suffit d'établir qu'elle existe sans qu'il soit besoin de prouver qu'elle provient d'une personne qui a été partie au contrat. D'ailleurs, cette preuve eût été très-difficile ou sinon impossible, car généralement les personnes qui commettent des violences, ne le font que lorsqu'elles savent ne pouvoir être reconnues.

EFFETS DES CONTRATS LORSQUE LE CONSENTEMENT A ÉTÉ VICIÉ.

Là où il n'y a pas eu de consentement, pas de contrat; là où il y a eu consentement, mais consentement vicié rendu imparfait par un fait quelconque, le contrat existe; il n'est seulement qu'entaché de nullité. En conséquence, lorsque le consentement aura été donné sous l'empire d'un fait qui a pu produire une certaine influence sur la volonté de la partie contractante, l'obligation provenant du contrat aura une existence, mais une existence subordonnée à la condition que la partie dont le consentement a été extorqué par la violence ou surpris par le dol ou erreur, n'intente pas une action en nullité dans le délai voulu.

SECTION IV.

DE LA LÉSION.

La lésion est le préjudice éprouvé par l'une des parties contractantes. Elle ne peut exister que dans les contrats à titre onéreux.

La loi a regardé la lésion comme étant un vice de consentement, parce qu'en contractant chacune des parties a entendu recevoir l'équivalent de ce qu'elle a donné. Si donc l'une d'elles a donné un objet pour une somme bien inférieure à sa véritable valeur, elle a entendu faire ou une libéralité indirecte, et alors elle n'est point restituable ou elle ne l'a fait que sous l'empire d'un pressant besoin, alors, dans ce cas, son consentement ayant été vicié, la loi vient à son secours en lui permettant d'invoquer la lésion.

En droit Romain, Dioclétien admit la rescision de la vente pour lésion de plus de moitié.

Sous l'empire de l'ancien droit, la lésion était une cause de rescision : 1° dans tous les contrats, quant aux mineurs ; 2° quant aux majeurs en matière de partage pour lésion de plus d'un quart et dans tous les autres contrats relatifs à des immeubles pour lésion de plus de moitié. Le droit intermédiaire supprima l'annulation pour lésion quant aux majeurs.

Sous notre législation actuelle, la lésion est toujours une cause de rescision des contrats passés par les mineurs. Quant à ceux passés par les majeurs, on ne peut en demander la rescision pour cause de lésion que dans les cas suivants :

1° En cas de partage, lorsqu'il y a lésion de plus d'un quart ;

2° En cas de vente d'immeubles, lorsque le vendeur a éprouvé une lésion de plus des 7/12. Seul, le vendeur est admis à demander la nullité de l'acte, ce droit n'a point été donné à l'acquéreur.

3° En matière de société, lorsque, lors de la liquidation de celle-ci, le partage de l'excédant de l'actif sur le passif n'a pas été fait conformément à l'équité. Celui qui a éprouvé une lésion, a le droit de demander la nullité du partage;

4° L'acceptation d'une succession peut être révoquée pour cause de lésion lorsque la succession se trouve absorbée ou diminuée de plus de moitié par la découverte d'un nouveau testament.

SECTION V.

PROMESSES ET STIPULATIONS POUR AUTRUI.

L'article 1119 du Code Napoléon est ainsi conçu : « on ne peut en général s'engager ni stipuler en son propre nom que pour soi-même. » Ceci forme deux propositions que nous examinerons successivement.

1re proposition : (on ne peut s'engager pour autrui.) Le mot s'engager est mal choisi, il est impropre. On peut fort bien s'engager pour autrui, la caution ne s'engage-t-elle pas pour le débiteur, ne promet-elle pas le paiement de la dette au cas où ce dernier ne désintéresserait pas le créancier au jour de l'échéance? Donc il n'est pas vrai de dire que l'on ne peut s'engager pour autrui.

Ces mots s'engager pour autrui doivent être entendus en ce sens que l'on ne peut promettre le fait d'aurui.

Cette règle, vraie en général, souffre pourtant deux exceptions. L'une en faveur du mandataire, l'autre en faveur du gérant d'affaires. Le mandataire peut fort bien s'engager pour le mandant, car comme dans le droit français, le mandataire représente le mandant, le mandant est censé avoir traité lui-même; or celui qui s'engage, s'oblige lui-même, donc le mandant sera tenu de satisfaire à l'obligation contractée par le mandataire. Ce principe était rigoureusement vrai en droit Romain où le mandataire ne représentait pas le mandant.

Si j'ai promis qu'un autre vous ferait quelque chose, cette convention est nulle, car elle ne peut engager ni ce tiers ni moi. Elle ne peut engager ce

5

tiers en vertu de ce principe que les conventions n'ont d'effet qu'à l'égard des parties. D'un autre côté, elle ne m'oblige pas non plus, car je ne me suis pas engagé moi-même.

Mais si je ne peux promettre le fait d'autrui, je puis au moins promettre la ratification de la promesse que je fais pour une personne, ou, d'après les termes de l'art. 1120, je puis me porter fort pour un tiers.

Se porter fort pour quelqu'un, c'est s'engager à déterminer la personne à faire ce que l'on a promis. Vous qui vous portez fort, vous contractez ici une obligation personnelle, obligation de pousser le tiers à exécuter le fait, obligation qui se résoudra en dommages et intérêts pour le cas où la personne qui doit exécuter le fait ne l'exécuterait pas. On peut fixer à l'avance, par une clause pénale, ce qui sera dû par celui qui s'est porté fort, si toutefois il ne pouvait obtenir la ratification du fait promis.

Le second alinéa de l'article précité se termine par ce principe : « On ne peut stipuler en son propre nom pour autrui. »

On ne peut stipuler que pour soi. Mais d'abord, qu'est-ce que stipuler pour soi ? C'est réclamer une créance dont le produit doit être pour soi. Stipuler pour autrui, c'est réclamer pour soi une créance qui doit profiter à une autre personne. La première stipulation est valable ; quant à la seconde, la loi la déclare nulle.

Si j'ai stipulé quelque chose de vous pour un tiers, vous ne contractez aucune obligation, ni envers ce tiers ni envers moi. Vous ne contractez aucune obligation envers ce tiers, parce qu'une convention n'a d'effet qu'entre les parties contractantes. Vous ne contracterez non plus aucune obligation envers moi, qui ne puis rien vous demander, puisque je n'ai aucun intérêt à ce que la convention s'exécute.

Quoiqu'en principe on ne puisse stipuler pour autrui, il existe cependant des cas où on peut le faire. C'est lorsque le stipulant a en son pouvoir un moyen de coercition.

Je puis en effet stipuler que vous donnerez cent sous d'or à Tertius, en ayant soin d'y ajouter qu'au cas où vous négligeriez de le faire, vous me paieriez une certaine somme. Il y a bien, il est vrai, stipulation pour autrui, mais elle est valable ; car, moi qui stipule, j'ai en mon pouvoir un moyen de forcer le promettant à exécuter son obligation. C'est ce qu'on nomme stipulation avec cause pénale.

La stipulation pour autrui est encore valable lorsqu'elle est la condition d'un contrat à titre onéreux ou d'une donation. Ainsi, je vous vends ma maison moyennant un certain prix, en y ajoutant que vous donnerez une certaine somme à Primus. Cette stipulation est valable ; car moi stipulant, j'ai en mon pouvoir un moyen de coercition. Si en effet, vous, acheteur, vous ne donnez pas la somme convenue à Primus, je révoquerai la vente. De même, si en vous donnant tel objet, je dis qu'il y aura devoir pour vous de remettre à Pierre telle chose, cette stipulation sera valable, puisqu'en cas d'inexécution de l'obligation, il sera en mon pouvoir de révoquer la donation. Cette donation et cette vente seront révocables pour inexécution des charges et conditions.

EFFETS DE NOS CONVENTIONS A L'ÉGARD DE NOS HÉRITIERS ET AYANT-CAUSE

D'abord, qu'est-ce qu'un héritier ? qu'est-ce qu'un ayant-cause ? Un héritier est celui qui, par l'effet de la saisine dont il est revêtu, continue la personne du défunt et succède à ses droits et obligations ; en un mot, c'est un successeur à titre universel. L'ayant-cause ne continue pas la personne du défunt, c'est un successeur à titre particulier. Ceci étant connu, examinons l'art. 1122 du Code ainsi conçu :

« On est censé avoir stipulé pour soi, ses héritiers ou ayant-cause. »

A mon avis, la première partie de cet article était inutile. On eût fort bien pu se dispenser de dire que la stipulation pour soi est censée faite pour les héritiers. Ceux-ci, en effet, étant des successeurs à titre universel, il s'en suit qu'ils succèdent à tous les droits acquis par le défunt comme à toutes les obligations contractées par lui. Succédant à tous les biens, ils succèdent à toutes les dettes.

Quant aux ayant-cause à titre particulier, ils peuvent invoquer, mais ils doivent subir toutes les conventions par lesquelles leur auteur a consolidé ou amoindri la chose ou le droit qu'il leur a cédé. Je suppose que je devienne acquéreur d'une habitation sur laquelle l'ancien propriétaire avait établi une servitude de passage; moi, acquéreur, je serai tenu de souffrir cette servitude.

Mais les droits actifs et passifs résultant des conventions, cessent d'être transmissibles aux héritiers ou ayant-cause quand ces droits sont exclusivement attachés à la personne. Tels sont les droits d'usufruit, d'usage, de louage. Le principe souffre pourtant une exception, dans le cas de louage de maison. Si je vends ma maison, mon acheteur sera subrogé à tous les droits que j'avais contre mon locataire et à tous ceux de celui-ci contre moi. Les conventions n'ont point d'effet vis-à-vis de nos héritiers ou ayant-cause lorsque les parties ont déclaré expressément qu'elles n'entendent stipuler et promettre que pour elles-mêmes.

CHAPITRE II

Capacité.

Tout le monde peut contracter, excepté ceux auxquels la loi a refusé ce droit. Les incapables de contracter sont les mineurs, les interdits, les femmes mariées, dans les cas prévus par la loi, et généralement tous ceux à qui la loi interdit certains contrats.

Mineur.

Le mineur est la personne qui n'a pas vingt-et-un ans. On distingue deux classes de mineurs : le mineur émancipé et le mineur non émancipé.

Le mineur non émancipé est complétement incapable. La loi craignant que, jeune, sans expérience, il ne se laisse aller au flot de ses passions et ne dissipe son patrimoine. La loi, dis-je, lui enlève le droit d'administration de ses biens, et la confie à une personne chargée de veiller à ses intérêts et que l'on nomme tuteur.

Ce tuteur est chargé de représenter le mineur dans tous les actes de la vie civile, tels, par exemple, qu'acceptation de succession ou de donation. Seul, le tuteur autorisé du conseil de famille peut intenter au nom du mineur une action en partage ; seul, il peut avec l'autorisation du conseil de famille, homologuée par le tribunal civil, aliéner et hypothéquer les biens du mineur. c'est le tuteur qui peut recevoir l'argent provenant de la location des biens du pupille : tout paiement fait au mineur n'est pas valable. C'est encore au tuteur qu'appartient le droit de donner à bail les biens du pupille, et c'est à lui qu'on doit s'adresser pour toutre réclamation à cet égard.

Le mineur ne peut faire, en un un mot, aucun acte d'administration vis-à-vis de ses biens. Par cela seul qu'il est privé du droit d'administrer ses biens, il est à plus forte raison, privé du droit d'en disposer. Toute donation lui est interdite.

L'incapacité du mineur est donc complète, il est incapable de tout acte, sauf ce qui concerne le mariage et le testament par lequel, après avoir atteint l'âge de 16 ans, il peut disposer de la moitié de sa fortune.

L'acte fait par un mineur ne sera pas annulé par le seul fait de la minorité, il ne le sera qu'autant que le mineur aura éprouvé une certaine lésion. *Non restituitur tanquam minor, sed tanquam læsus.*

L'incapacité absolue du mineur peut cesser par le fait de l'émancipation. Grâce à l'émancipation, le mineur recevra le droit d'administrer lui-même ses biens, de toucher ses revenus ; mais il est privé, malgré tout, du droit d'aliéner, hypothéquer ses immeubles, d'en acquérir d'autres, et de celui d'emprunter ; mais, assisté de son curateur et muni d'une autorisation du conseil de famille, il peut valablement faire ces actes. La position du mineur émancipé est donc préférable à celle de celui qui ne l'est pas. Outre les avantages précités, le mineur émancipé jouit encore du droit de pouvoir faire le commerce avec l'autorisation de son père ou de son conseil de famille. Il est alors réputé majeur vis-à-vis de tous les actes relatifs au commerce, il peut emprunter, hypothéquer ses biens pour les besoins de son négoce, avantages que la loi refuse au mineur émancipé, mais non commerçant.

Femme mariée.

Antérieurement à son mariage, la femme majeure peut faire vis-à-vis de ses biens, non-seulement des actes d'administration, mais même des actes de propriétaire; en un mot, sa capacité est la même que celle de l'homme majeur. Avec le mariage, cette capacité dont elle jouissait diminue plus ou moins, suivant le régime sous lequel elle est mariée.

Les deux époux ont-ils choisi le régime de la communauté? La loi enlève à la femme le droit d'administration de ses biens et la donne au mari. Ce droit, elle le recouvrera par la séparation de biens.

Sous le régime exclusif de la communauté, elle perdra encore le droit d'administration de ses biens.

Sous le régime dotal, l'administration des biens dotaux passera au mari; quant à la femme, elle conservera l'administration de ses paraphernaux.

Enfin, sous le régime de la séparations de biens, la femme conservera l'administration de ses biens en entier.

Nous voyons qu'avec le régime sous lequel elle est mariée, varie la capacité de la femme. Mais quel que soit ce régime, la femme, nous dit l'art. 217 du Code, est incapable d'aliéner, d'hypothéquer ses biens, d'acquérir à titre gratuit ou onéreux sans l'autorisation du mari. Elle ne peut non plus ester en justice sans l'autorisation de ce dernier.

La qualité de marchande publique lui donne le pouvoir de faire tous les actes relatifs à ce négoce.

Interdit.

Les interdits sont ceux que leur faiblesse d'esprit a fait priver de leur capacité. La position de l'interdit est à peu près la même que celle du mineur. Sa capacité est même moins étendue que celle du mineur, il ne peut, en effet, ni tester ni se marier. Pour faire annuler un acte fait par l'interdit, il suffit de présenter le jugement d'interdiction.

Personnes placées dans une maison d'aliénés.

Quant aux actes faits par une personne placée dans une maison d'aliénés, le tribunal ne les annulera pas par cela seul que la personne était renfermée, il aura un pouvoir d'appréciation pour examiner si l'acte a été fait ou non dans un moment de lucidité.

Personnes pourvues d'un conseil judiciaire.

Il existe une troisième classe de personnes que la loi a frappées d'une demi-interdiction : ce sont les prodigues. Cette demi-interdiction a pour but de restreindre leur capacité. Le tribunal leur nomme un conseil judiciaire, sans l'assistance duquel ils ne peuvent faire valablement certains actes que l'article 513 du Code Napoléon prend soin d'énumérer.

Jusqu'ici, nous n'avons parlé que de l'incapacité absolue, où se trouvent certaines classes de personnes, de contracter; il nous reste à parler de l'incapacité qui frappe certaines personnes capables en général de contracter, mais qui ne le peuvent dans certaines circonstances, aussi dit-on qu'elles sont frappées d'une incapacité relative.

Nous pouvons donner à titre d'exemple, le tuteur qui, quoique capable d'acquérir, ne peut se porter acquéreur dans une vente de biens appartenant à son pupille.

Seules, les personnes incapables ont le droit d'invoquer leur incapacité pour demander la nullité des actes passés par elle.

CHAPITRE III.

De l'objet.

Tout contrat doit avoir un objet, c'est-à-dire une prestation à laquelle l'une des parties s'engage envers l'autre.

Cette prestation peut consister dans la livraison d'une chose ou dans l'accomplissement, ou dans l'abstention d'un fait.

Par livraison d'une chose on ne doit pas entendre que l'objet du contrat consistera toujours dans la translation de propriété. Il peut fort bien consister dans la jouissance d'une chose ou dans la translation de possession.

Que la prestation consiste dans la translation d'une chose ou dans l'accomplissement d'un fait, l'objet du contrat doit être possible, utile au créancier, déterminé et licite.

L'objet doit être possible. — L'objet de l'obligation consiste-t-il dans la translation de propriété d'une chose, cette chose doit être dans le commerce.

Si elle est hors du commerce, le contrat est nul, car le créancier n'a pu compter sur l'exécution de la convention, il n'a pas du prendre au sérieux un pareil engagement. Il n'y a donc que les choses qui se trouvent dans le commerce qui peuvent être l'objet d'un contrat.

L'objet de l'obligation consiste-t-il dans l'exécution d'un fait? ce fait doit être possible. L'exécution est-elle absolument impossible? le contrat est nul, car le créancier n'a pu compter sur son exécution. Mais si l'impossibilité se borne au débiteur, le créancier aura contre lui une action en dommages et intérêts, il ne fallait pas qu'il s'engageât à ce qu'il ne pouvait tenir.

Utile au créancier. — Il est nécessaire que l'objet soit pour le créancier la source de certains avantages. Si ce dernier ne retire de l'exécution, de l'engagement aucune utilité, il arrivera ceci : c'est qu'en cas d'inexécution de l'obligation par le débiteur, le créancier ne pourra l'actionner. L'obligation du débiteur restera dépourvue de toute sanction. Or, là où il n'y a pas d'action, pas d'obligation; en conséquence, le débiteur ne sera pas tenu.

Déterminé. — Un objet peut être déterminé quant à son individu, quant à son espèce, quant à son genre. La loi veut que la chose, qui fait l'objet d'un contrat, soit déterminée au moins quant à son espèce. Le contrat dans lequel les parties se contentent de déterminer le genre est nul. La loi a entendu par là éviter bien des fraudes, le débiteur pouvant se libérer par une prestation tout-à-fait ridicule. Un exemple va nous faire comprendre les inconvénients auxquels a voulu parer la loi. Je conviens avec Primus que, moyennant cent francs que je lui donne, il me livrera un animal sans plus ample détermination. Primus me livre une mouche, il satisfait à son obligation, qui est de me livrer un animal. Ayant satisfait à son engagement, je devrai exécuter le mien ; je serai donc tenu de lui donner les 100 francs, valeur bien supérieure à la mouche, qui n'en a aucune.

L'objet doit aussi être déterminé quant à sa quantité, à moins que de la convention ne ressorte la quantité que les personnes ont eu en vue. Je conviens avec vous que moyennant une certaine somme, vous me livrerez du grain, sans indication de la quantité. Moi, qui aurais pris l'engagement de vous fournir du grain, j'aurai satisfait à mon obligation en vous fournissant un seul grain.

Il doit être non contraire aux lois et aux bonnes mœurs. L'art. 1130 du Code, défend de faire aucune stipulation sur les successions futures, même avec le consentement de celui de qui doit provenir la succession. La loi a voulu protéger, par là, l'héritier qui pourrait peut-être céder à bas prix l'espérance d'une succession. Tout contrat relatif à la vente de droits provenant d'une succession future est nul, car la loi ne peut assurer l'exécution d'un fait qu'elle répudie.

CHAPITRE IV

De la cause.

La quatrième et dernière condition pour la validité des conventions, c'est la cause. La cause de l'obligation est ce pour quoi l'on contracte, c'est-à-dire le but immédiat qu'on se propose d'atteindre en s'obligeant.

Il faut bien se garder de confondre la cause avec le motif. Le motif est ce qui nous pousse à contracter.

Il est tenu secret entre les parties, tandis, au contraire, que la cause leur est toujours connue.

Dans les contrats synallagmatiques, l'objet de chacune des obligations sert de cause à l'autre. C'est pour chaque contractant l'avantage que l'autre lui procure ou promet de lui procurer.

Dans les contrats à titre gratuit, la cause de l'obligation consiste dans la satisfaction que le donateur éprouve en rendant service au donataire.

Dans le contrat unilatéral, la cause de l'obligation se trouve dans l'utilité que le créancier retire de la convention.

Après avoir donné une définition de la cause et du motif de l'obligation, nous allons passer à l'examen de l'art. 1131 du Code, lequel est ainsi conçu :

« L'obligation sans cause, ou sur une fausse cause, ou sur une cause illicite, ne peut avoir aucun effet. »

Comment concevoir qu'une personne puisse s'obliger sans un but qu'elle se propose d'atteindre ? C'est le fait d'un homme atteint d'aliénation mentale, d'agir sans but déterminé. Pareille obligation est nulle.

Voici un cas d'obligation sans cause : Je constitue une rente viagère sur la tête d'une personne morte au moment du contrat ; ce contrat sera nul, car il a été fait sans cause.

La cause est fausse quand elle n'est qu'apparente ou qu'elle n'existe que dans la pensée des contractants. Un exemple va nous faire comprendre le vrai sens du mot fausse. Me promenant en voiture, je passe près d'un enfant qui tombe et se casse une jambe. Croyant être l'auteur de ce fâcheux accident, je vais trouver les parents de l'enfant et leur promets une certaine somme en dédommagement. La cause de l'obligation est la croyance que j'ai d'être l'auteur de cet accident. A mon retour, je rencontre une personne qui me dit qu'étant présente, elle a vu l'enfant tomber de lui-même. Mon obligation n'a plus de raison d'être, puisque le fait qui m'a poussé à contracter n'existe pas. La cause de l'obligation est fausse ; le contrat est nul. Il y aura donc lieu pour moi à une répétition de l'indû vis-à-vis des parents de l'enfant, si toutefois je leur ai déjà payé la somme promise.

Comme par suite de ce que je dis plus haut, on pourrait croire que j'établis une certaine différence entre l'obligation sans cause et l'obligation sur fausse cause, je préfère déclarer que pour moi cette différence est bien faible, et si faible qu'il n'y en a pour ainsi dire aucune.

L'obligation est encore nulle quand la cause est illicite, c'est-à-dire contraire aux lois et aux bonnes mœurs. Cette exception a été faite en faveur des donations ; de sorte que toute donation faite sous des conditions illicites, sera malgré tout valable ; mais les conditions seront réputées non écrites.

Il peut arriver que le but de l'une des parties soit licite, tandis que le but que se propose l'autre partie soit illicite. Dans ce cas, la première peut demander l'exécution du contrat, quant à l'autre elle ne le peut pas.

C'est ce qui arriverait, par exemple, si je vous promettais 300 fr. pour retirer le dépôt que je vous ai confié. Vous n'aurez aucune action pour exiger la somme promise, car la cause est illicite.

Il n'est nullement nécessaire pour la validité de l'acte qui constate une convention que la cause soit mentionnée. Dans les conventions synallagmatiques la cause est toujours indiquée. On ne peut en effet relater un contrat synallagmatique dans un acte qu'à la condition de mentionner les obligations de chacune des parties. Or l'obligation de l'une des parties servant de cause à l'autre, il s'en suit que dans tout contrat synallagmatique, la cause est toujours exprimée.

Cette absence d'indications ne peut avoir lieu que dans les contrats uni-latéraux. Que la cause soit ou non relatée, le signataire du billet sera tenu au paiement de la somme indiquée.

Nous trouvons une exception dans les articles 110 et 188 du code de commerce. Nous y voyons que les effets de commerce, tels que lettres de change, billets à ordre, doivent être causés afin que l'on puisse découvrir les fraudes que pourraient contenir ces titres. S'ils manquent de cause, ils ne sont pas nuls, mais n'ont de valeur que comme simple promesse. Consentement, capacité, objet, cause, telles sont les quatre conditions essentielles à la validité des conventions.

A. ALAVOINE.

Vu pour l'impression :
Le doyen,
Ed. BODIN.

QUESTIONS CONTROVERSÉES

DROIT ROMAIN.

I. — Faut-il que la mention portée sur le registre du créancier au *Codex depensi*, se retrouve sur le registre du débiteur au *Codex accepti*? — Non.

II. — La propriété revient-elle *ipso jure* au vendeur quand la condition résolutoire s'accomplit? — Oui.

DROIT FRANÇAIS

III. — L'enfant naturel reconnu peut-il être adopté par son père naturel? — Non.

IV. — Un prêtre catholique peut-il adopter? — Oui.

V. — Est-il nécessaire pour qu'il y ait contrat, que l'acceptation soit connue de la partie qui a fait l'offre? — Non.

VI. — L'erreur de droit, comme l'erreur de fait, est-elle une cause de nullité? — Oui.

VII. — L'action en rescision pour cause de dol est-elle opposable aux tiers-acquéreurs? — Oui.

VIII. — L'acheteur évincé d'un bien dotal, peut-il exiger que la femme soit tenue sur ses paraphernaux? — Non.

IX. — La constitution de dot, faite en fraude des droits des créanciers,

peut-elle être révoquée nonobstant la bonne foi des époux ? — Oui à l'égard de la femme, non à l'égard du mari.

DROIT COMMERCIAL

X. — En matière de lettre de change, la provision appartient-elle au porteur ? — Oui.

DROIT ADMINISTRATIF

XI. — En matière d'expropriation, quels que soient les avantages que procure l'exécution des travaux, l'exproprié ne peut-il jamais être privé de toute indemnité ? — Non.

PROCÉDURE

XII. — L'exception de la caution *judicatum salvi* doit-elle passer avant l'exception d'incompétence ? — Oui.

Imp. Rennaise, rue Bourbon, 5.

www.ingramcontent.com/pod-product-compliance
Lightning Source LLC
Chambersburg PA
CBHW071410200326
41520CB00014B/3380